ESTA ES MI VIDA
TE CUENTO MI HISTORIA

Fecha —————————————————

Nombre —————————————————

ESTA ES MI VIDA
TE CUENTO MI HISTORIA

ELMA VAN VLIET

PLAZA JANÉS

Este es tu libro y tu historia.
Siéntete libre de completarlo a tu manera.
Tú decides con qué frecuencia y cuánto escribes.
Redacta de nuevo las preguntas que prefieras responder de otro modo.
Añade fotos y recuerdos que te gustaría compartir.
Haz lo que te parezca mejor.
Y cuando hayas terminado, puedes regalar este libro
con la historia de tu vida
a alguien a quien quieras.

En 2004, mi madre enfermó gravemente. Solo entonces me di cuenta de cuántas cosas quería preguntarle: sobre quién era antes, sobre sus sueños, grandes y pequeños. También me di cuenta de que no le había dicho suficientemente lo importante que era para mí. Por eso hice un libro lleno de preguntas sobre su vida. Era mi forma de demostrarle lo mucho que la quería.

Nunca olvidaré el día en que me devolvió mi libro *Mamá, cuéntame*. Esperaba respuestas, pero recibí mucho más. Mi madre disfrutó rellenando el libro, pegó fotos que eran nuevas para mí y me contó historias que aún no conocía. Nuestra relación cambió. Establecimos un contacto real y eso nos unió de una manera nueva. Lo que antes era un libro vacío se convirtió en el regalo más preciado de mi vida: la historia de mi madre conmigo. El libro despertó muchos sentimientos y recibí muchas peticiones para que creara un libro igual de especial para escribir sobre uno mismo o junto con alguien que te importe.

Gracias a mis libros, en los últimos años he escuchado historias maravillosas, divertidas y conmovedoras. He creado este libro con mucho cariño y espero que, mientras escribes el tuyo, surjan historias. Historias que aún no se han contado y que harán que tus recuerdos, grandes y pequeños, se conserven para siempre.

Si miras al mundo, en realidad no es tan extraño que cada vez tengamos más necesidad de conectar. Contar historias es un ritual milenario que cada vez ha quedado más relegado a un segundo plano. Afortunadamente, el espíritu de la época está cambiando y cada vez hay más espacio para las historias reales, para las historias de las personas cercanas a nosotros, porque son las que más importan.

Deseo que te diviertas con la escritura de tu propio libro.

Con mucho cariño,
Elma van Vliet

TU INFANCIA Y TU FAMILIA

TU INFANCIA

¿Cuándo y dónde naciste? _____

_____

_____

_____

_____

_____

¿Cuál es tu nombre completo? _____

_____

_____

¿Sabes por qué tus padres decidieron llamarte así? _____

_____

_____

_____

_____

_____

_____

_____

_____

_____

¿Te pusieron
el nombre de
alguna persona
en particular?

_____

_____

¿Qué sabes sobre el día de tu nacimiento?

¿Tenías o tienes algún apodo o apelativo cariñoso?

TU INFANCIA

¿Qué acontecimientos, en tu casa o históricamente, jugaron un papel importante el año

en que naciste?

¿Cómo eras en tu niñez?

¿Tu carácter
era reservado
o extrovertido?

¿Tenías algún ídolo al que te gustaba imitar?

13

TU INFANCIA

¿Qué recuerdos conservas de tu infancia? _____

¿Qué recuerdos
agradables y
bonitos te vienen
a la cabeza?

¿Recuerdas también cosas menos agradables?

TU INFANCIA

¿Qué personas o cosas te parecían importantes? _____

_____

_____

_____

_____

¿Tenías algún
peluche
favorito? _____

_____

_____

_____

_____

¿Quiénes eran tus héroes y heroínas en esa época? _____

_____

_____

_____

_____

¿Por qué los
admirabas? _____

_____

_____

_____

_____

_____

¿Tenías algún lugar favorito?

¿Qué te
gustaba
hacer allí?

¿Has vuelto a ir a ese sitio alguna vez?

TU INFANCIA

¿Te enfermabas con frecuencia? _____

_____

_____

_____

¿Alguna vez tuvieron que ingresarte en el hospital? _____

_____

_____

_____

_____

_____

_____

_____

¿Tenías algún juguete favorito? _____

_____

_____

_____

_____

_____

_____

_____

_____

_____

¿Preferías jugar en casa o en la calle?

¿A qué
te gustaba
jugar allí?

¿Tenías un juego favorito?

TU INFANCIA

¿Tenías algún juego que ya no es tan conocido? _____

_____

_____

_____

_____

_____

¿Cómo se
jugaba?   _____

_____

_____

_____

_____

_____

_____

_____

_____

_____

_____

_____

_____

_____

_____

_____

¿Quiénes eran tus mejores amigos?

¿Dónde surgió
esa amistad?

¿Hiciste travesuras alguna vez?

¿En qué
consistieron?

TU INFANCIA

¿Te gustaba leer? _____

_____

_____

_____

¿Cuáles eran
tus libros
preferidos? _____

_____

_____

_____

_____

_____

_____

_____

_____

_____

_____

_____

¿Tus padres solían leerte cuentos en voz alta? _____

_____

_____

¿Cómo transcurría un día normal en vuestra familia?

¿Qué hacías por las tardes?

¿A qué hora te acostabas?

TU INFANCIA

¿Cómo organizabais los fines de semana? _____

_____

_____

_____

_____

_____

_____

_____

_____

¿Cuál era tu día de la semana preferido? _____

_____

¿Qué era lo que
más te gustaba
hacer ese día? _____

_____

_____

_____

_____

_____

_____

_____

_____

¿Cuáles eran los mejores días del año?

¿Por qué eran
tan especiales
para ti?

TU INFANCIA

¿Qué fue lo mejor de crecer en tu época? _____

¿Qué te parece lo más divertido de crecer ahora?

¿Qué es realmente importante en la vida cotidiana?

Espacio
para fotos...

... y más historias y
recuerdos

Espacio
para fotos...

... y más historias y
recuerdos

Espacio
para fotos...

... y más historias y
recuerdos

TU FAMILIA

Sobre mi madre: _____

Su nombre completo: _____

Su fecha de nacimiento: _____

Su lugar de nacimiento: _____

Sus hermanos: _____

_____

_____

_____

_____

_____

Sobre mi padre: _____

Su nombre completo: _____

Su fecha de nacimiento: _____

Su lugar de nacimiento: _____

Sus hermanos: _____

_____

_____

_____

_____

_____

Sobre mi abuela materna: _____

Su nombre completo: _____

Su fecha de nacimiento: _____

Su lugar de nacimiento: _____

Sus hermanos: _____

Sobre mi abuela paterna: _____

Su nombre completo: _____

Su fecha de nacimiento: _____

Su lugar de nacimiento: _____

Sus hermanos: _____

Sobre mi abuelo materno: _____

Su nombre completo: _____

Su fecha de nacimiento: _____

Su lugar de nacimiento: _____

Sus hermanos: _____

Sobre mi abuelo paterno: _____

Su nombre completo: _____

Su fecha de nacimiento: _____

Su lugar de nacimiento: _____

Sus hermanos: _____

TU FAMILIA

¿Llegaste a conocer a tus abuelos y abuelas? ¿Los visitabais a menudo? _____

_____

_____

_____

_____

_____

_____

_____

_____

¿Qué hacíais
cuando los
visitabais?

_____

_____

_____

_____

_____

_____

_____

_____

¿Sabes cómo se conocieron tus abuelos?

¿En qué trabajaban?

TU FAMILIA

¿Qué buenos recuerdos conservas de tus abuelos y abuelas? _____

_____

_____

_____

_____

_____

_____

_____

_____

¿Cómo describirías a tu familia? _____

_____

_____

_____

_____

_____

_____

_____

_____

_____

_____

_____

¿Eran importantes los lazos familiares en vuestra casa?

¿Con qué parientes os veíais más a menudo?

¿Qué solías
hacer juntos?

TU FAMILIA

¿Tenías algún tío preferido o alguna tía preferida? _____

_____

_____

_____

_____

¿Por qué te
caían tan bien? _____

_____

_____

_____

_____

_____

_____

_____

_____

_____

_____

_____

_____

¿Había algún famoso entre tus familiares? _____

_____

_____

_____

_____

¿Y había alguna oveja negra entre tus familiares? ¿Quién era?

¿Había momentos o días específicos en los que se reunía la familia?

TU FAMILIA

¿Tu familia tenía tradiciones o costumbres típicas? _____

_____

_____

_____

_____

_____

_____

_____

_____

¿Hay alguna
que sigas
manteniendo? _____

_____

¿Hay algún talento, hobby o profesión habitual en tu familia? _____

_____

_____

_____

_____

_____

_____

_____

_____

_____

¿Cómo eran tus padres contigo?

¿Cómo describirías la relación entre ellos?

¿Era tradicional el reparto de roles en la pareja?

TU FAMILIA

¿Sabes cómo se conocieron tus padres? _____

_____

_____

_____

_____

_____

_____

_____

_____

_____

_____

¿Alguna vez te han contado algo de aquella época? _____

_____

_____

_____

_____

_____

_____

_____

_____

_____

_____

¿Tus padres eran liberales o tradicionales?

¿En qué se notaba?

¿La religión o la fe tenían mucha importancia en vuestra casa?

45

TU FAMILIA

¿Qué hacían tus padres en su tiempo libre?

¿En qué trabajaba tu padre?

¿Trabajaba también tu madre? Si es que sí, ¿a qué se dedicaba?

¿Eran sus carreras profesionales importantes para ellos?

TU FAMILIA

¿Con quién te llevabas mejor, con tu padre o con tu madre? _____

_____

¿Por qué? _____

_____

_____

_____

_____

_____

_____

_____

_____

_____

¿Hablabais en casa abiertamente de vuestros sentimientos y emociones? _____

_____

_____

_____

¿Hablabais mucho entre vosotros? _____

_____

_____

_____

_____

¿El papel de tu padre en tu crianza fue tan importante como el de tu madre?

¿De qué temas hablabas con tu madre? ¿Para qué solías recurrir más a tu padre?

TU FAMILIA

¿Cómo era tu padre?

_____

_____

_____

_____

_____

_____

_____

_____

_____

_____

_____

_____

¿Cómo describirías tu relación con él?

_____

_____

_____

_____

_____

_____

_____

_____

_____

_____

_____

_____

¿Qué recuerdos importantes tienes de tu padre?

¿Qué os gustaba hacer juntos?

TU FAMILIA

¿Cómo era tu madre? _____

_____

_____

_____

_____

_____

_____

_____

_____

¿Cómo describirías tu relación con ella? _____

_____

_____

_____

_____

_____

_____

_____

_____

¿Qué recuerdos importantes tienes de tu madre?

¿Qué os gustaba hacer juntos?

TU FAMILIA

¿A quién te pareces más físicamente, a tu padre o a tu madre? _____

¿En qué os parecéis?

¿Y en carácter? ¿Cuáles de sus características reconoces en ti? _____

¿Te han hablado alguna vez tus padres sobre su infancia y juventud?

¿Qué recuerdos
guardas de
lo que te
contaron?

TU FAMILIA

¿Qué otras personas, además de tus padres, fueron importantes para ti? _____

_____

_____

_____

_____

_____

_____

_____

_____

_____

¿Qué han significado esas otras personas para ti? _____

_____

_____

_____

_____

_____

_____

_____

_____

_____

_____

_____

¿Cuáles son las lecciones de vida más importantes que te han transmitido tus padres?

Espacio
para fotos...

... y más historias y
recuerdos

Espacio
para fotos...

... y más historias y
recuerdos

Espacio
para fotos...

... y más historias y
recuerdos

VUESTRO HOGAR

¿Qué edad tenían tus padres cuando naciste? _____

¿Cómo se llaman tus hermanos y cuándo nacieron? _____

_____

¿Con cuál de ellos te llevabas mejor? _____

¿Cómo era tu
relación con
tus hermanos?

_____

_____

_____

_____

_____

_____

_____

_____

_____

_____

_____

_____

_____

_____

_____

_____

_____

¿Qué clase de familia erais?

¿Te sentías
bien en casa?

¿Teníais alguna mascota?

VUESTRO HOGAR

¿Tenías que ayudar en casa? ¿Qué tipo de tareas tenías que hacer? _____

_____

_____

_____

_____

_____

_____

_____

_____

_____

¿Había días concretos para hacer determinadas tareas en casa? _____

_____

_____

_____

_____

_____

_____

_____

_____

_____

¿Qué productos de limpieza se utilizaban en tu casa?

¿Recuerdas
los olores?

¿Qué nuevos electrodomésticos aparecieron en casa durante tu infancia?

¿Qué cambios
conllevaron?

VUESTRO HOGAR

¿Había cosas que siempre hacíais en familia? _____

_____

_____

_____

_____

_____

_____

¿Qué era lo más importante? _____

_____

_____

_____

_____

_____

¿Eráis miembros de algún club o de alguna asociación? _____

_____

_____

_____

_____

_____

_____

¿Qué hacíais los fines de semana?

¿Veíais juntos películas o programas de televisión?

¿Recuerdas
alguno de
vuestros
preferidos?

¿Os gustaba jugar a algo juntos?

¿Qué te
gustaba
hacer allí?

VUESTRO HOGAR

¿Qué música poníais en casa? ¿Qué te parecía? _____

_____

_____

_____

_____

_____

_____

¿Aún la
escuchas? _____

_____

¿Dónde vivíais? ¿Cómo era vuestra casa? _____

_____

_____

_____

_____

_____

_____

_____

_____

_____

¿Qué era lo mejor de vuestra casa?

¿Tenías una habitación para ti o compartías? ¿Cómo era?

VUESTRO HOGAR

¿Cómo era el barrio donde te criaste? _____

_____

_____

_____

_____

_____

_____

_____

¿Ibais a
menudo a
casa de algún
vecino? _____

_____

¿Dónde y cuándo hacíais la compra? _____

_____

_____

_____

_____

_____

¿Aún recuerdas
cuánto costaba
el pan en esa
época? _____

_____

¿Alguna vez os mudasteis?

¿En qué
direcciones
has vivido?

¿Hay algún sonido, olor o sabor que te recuerde siempre a tu infancia o juventud?

VUESTRO HOGAR

¿Cuál era tu comida preferida? ¿Había alguna comida que odiaras? _____

_____

_____

_____

_____

_____

_____

_____

_____

¿Tenías que
comértela
igualmente?   _____

¿Qué clase de comida preparaba tu madre? ¿También cocinaba tu padre? _____

_____

_____

_____

_____

_____

_____

_____

_____

_____

_____

_____

¿La comida era importante en vuestra familia?

¿En qué
sentido?

¿Qué tipos de platos solíais comer en casa? ¿Ahora cocinas cosas muy diferentes?

75

VUESTRO HOGAR

¿Qué cocinabais en las celebraciones? _____

_____

_____

_____

_____

_____

_____

_____

_____

_____

¿Hay alguna receta que sigas utilizando hoy en día? _____

_____

_____

_____

¿De quién
has heredado
la receta? _____

_____

_____

_____

_____

76

¿Tienes alguna receta que te gustaría transmitir a la siguiente generación?

¿Cuál es?

VUESTRO HOGAR

¿Tienes algún objeto que lleva mucho tiempo en tu familia? _____

_____

_____

_____

_____

_____

¿Cómo ha acabado en tu casa y qué significado tiene para ti? _____

_____

_____

_____

_____

_____

_____

_____

_____

_____

_____

¿Cómo celebrabas tu cumpleaños?

_____

_____

_____

_____

_____

¿Qué te gustaba especialmente de ese día?

_____

_____

_____

_____

_____

¿Cuál es el regalo de cumpleaños más bonito que te han hecho nunca?

_____

_____

_____

_____

_____

VUESTRO HOGAR

¿Teníais coche? ¿Qué tipo era?

¿Salíais de vacaciones con la familia de vez en cuando?

¿Adónde ibais?

¿Qué vacaciones recuerdas con especial cariño?

VUESTRO HOGAR

¿Qué hacíais en Navidad? ¿Y en Nochevieja y Año Nuevo?

¿Y cómo celebrabais el día de Reyes?

¿Había alguna otra fecha señalada durante el año para tu familia?

¿Qué hacíais?

VUESTRO HOGAR

¿Qué excursiones familiares recuerdas con cariño?

_____

_____

_____

_____

_____

_____

_____

_____

¿Qué momentos de tu infancia o juventud añoras especialmente?

_____

_____

_____

_____

_____

_____

_____

_____

_____

_____

_____

¿Qué situaciones difíciles pasasteis como familia?

¿Cómo lo superasteis?

VUESTRO HOGAR

¿Qué personas fueron particularmente importantes mientras crecías? _____

¿Por qué?

¿Cuáles son los momentos más divertidos o entrañables que recuerdas

de la vida en tu casa?

Espacio
para fotos...

... y más historias y
recuerdos

Espacio
para fotos...

... y más historias y
recuerdos

Espacio
para fotos...

... y más historias y
recuerdos

CRECER Y HACERTE MAYOR

¿Fuiste a guardería? ¿A cuál? _____

_____

¿A qué colegio fuiste? _____

_____

¿Tenías un largo camino hasta llegar? ¿Cómo ibas? _____

_____

_____

_____

_____

_____

_____

_____

¿Tenías algún maestro o maestra preferido? ¿Cómo se llamaba? _____

_____

_____

¿Por qué
era especial
para ti? _____

_____

_____

_____

_____

_____

_____

94

¿Le tenías manía a alguno de tus maestros? ¿Por qué?

¿Qué tipo de
estudiante
eras?

¿Cómo era un día normal en el colegio?

¿Recuerdas
esa época
con cariño?

CRECER Y HACERTE MAYOR

¿Quiénes eran tus mejores amigos en la escuela? _____

_____

_____

_____

_____

_____

_____

¿Seguís en
contacto? _____

_____

¿Qué te gustaba hacer después de clase? _____

_____

_____

_____

_____

_____

_____

_____

_____

_____

_____

¿Qué querías ser de mayor?

Cuéntame alguna anécdota del colegio que te hiciera reír mucho en aquella época.

CRECER Y HACERTE MAYOR

¿Qué recuerdos tienes del colegio? _____

_____

_____

_____

_____

_____

_____

_____

¿Hicisteis
algún viaje
escolar? _____

_____

_____

_____

¿Qué hiciste al acabar la escuela? ¿Seguiste estudiando? _____

_____

_____

_____

_____

_____

_____

_____

¿Cómo se decidió en qué centro estudiarías y qué formación seguirías?

¿Se tuvo en
cuenta tu
opinión?

¿Te resultaba fácil o difícil estudiar?

CRECER Y HACERTE MAYOR

¿Tuviste que repetir algún curso? ¿Por qué? ¿Cómo reaccionaron tus padres? _____

_____

_____

_____

_____

_____

_____

_____

_____

_____

¿Querías seguir estudiando tras terminar la educación básica? _____

¿Tus padres estaban de acuerdo contigo? _____

_____

_____

_____

_____

_____

_____

_____

_____

¿Seguiste estudiando? ¿Qué hiciste?

Si se organizaran reuniones de exalumnos, ¿a quién quisieras ver?

CRECER Y HACERTE MAYOR

¿Cómo eras de adolescente? ¿Cómo veías el mundo? _____

_____

_____

_____

_____

_____

_____

_____

_____

_____

_____

_____

¿Qué aspecto tenías? ¿Cómo era la moda de la época? _____

_____

_____

_____

_____

_____

_____

_____

_____

_____

¿Te daban algo de dinero para tus gastos o tenías algún trabajillo?

¿Cuánto dinero recibías a la semana?

¿Solías ahorrar o gastar?

¿Para qué ahorrabas?

CRECER Y HACERTE MAYOR

¿Cuáles fueron los acontecimientos más importantes a nivel mundial en aquella época?

¿Seguías la actualidad? ¿De qué manera?

¿Te identificabas con algún estilo o grupo en concreto?

¿Por qué?

¿Tenías ídolos o personas por las que sentías una gran admiración? ¿Quiénes eran?

CRECER Y HACERTE MAYOR

¿Tenías aficiones? ¿Practicabas algún deporte? ¿Qué música te gustaba?

¿Qué significaba la música para ti?

¿Cuál fue tu primer trabajo serio? ¿Qué edad tenías?

¿Cómo lo
conseguiste?

¿Te gustó? ¿Te acuerdas de lo que ganabas?

CRECER Y HACERTE MAYOR

¿Te acuerdas de lo que hiciste con tu primer sueldo? _____

_____

_____

_____

_____

_____

_____

_____

¿Aún vivías con tus padres en ese momento? _____

_____

_____

¿Cómo organizabas tu día a día? _____

_____

_____

_____

_____

_____

_____

_____

_____

¿Quiénes eran tus amistades en esa época?

¿Sigues en contacto con esas personas?

¿Qué hiciste después de tu primer trabajo?

De todos los trabajos que has tenido, ¿cuál ha sido tu preferido?

¿Por qué?

CRECER Y HACERTE MAYOR

¿Cambió la relación que tenías con tus padres después de empezar a trabajar? _____

_____

_____

_____

_____

_____

¿Cuál era la mayor diferencia entre estudiar y trabajar en esa época, y cuál es hoy en día? _____

_____

_____

_____

_____

_____

_____

¿Te arrepientes de alguna decisión que hayas tomado? _____

_____

_____

_____

_____

¿Qué harías de
otra manera?

_____

_____

_____

_____

¿Qué consejos has recibido en tu vida que te hayan servido para siempre?

¿Quién o quiénes te los dieron?

De las decisiones que has tomado, ¿cuáles son las que más han marcado tu vida?

111

CRECER Y HACERTE MAYOR

¿Hubo un momento en tu vida en el que te sentiste realmente adulto?

¿Qué hizo que fuera tan especial?

¿La opinión que tenías sobre el dinero ha ido cambiando a medida que te hacías mayor?

¿Alguno de tus sueños o ambiciones de joven te sigue pareciendo importante hoy en día?

¿Qué consejos me darías sobre los estudios y el trabajo?

Espacio
para fotos...

... y más historias y
recuerdos

Espacio
para fotos...

... y más historias y
recuerdos

Espacio
para fotos...

... y más historias y
recuerdos

EL AMOR

EL AMOR

¿Recuerdas quién fue tu primer amor? ¿Dónde y cuándo sucedió? _____

_____

_____

_____

_____

_____

_____

_____

_____

_____

_____

¿De qué tipo de persona solías enamorarte? _____

_____

_____

_____

_____

_____

_____

_____

_____

_____

_____

¿Te has enamorado muchas veces? ¿Cómo te afectaba?

¿A quién besaste por primera vez? ¿Qué te pareció?

EL AMOR

¿Recibiste algún tipo de educación sexual? ¿Quién se encargó de orientarte sobre el tema _____

y qué edad tenías? _____

_____

_____

_____

_____

_____

_____

_____

_____

_____

_____

_____

_____

_____

_____

_____

_____

¿Has tenido muchas parejas en tu vida? _____

_____

_____

_____

¿Te han roto alguna vez el corazón? ¿Cómo lo superaste?

¿Quién fue tu primer gran amor?

¿Cómo os
conocisteis?

¿Qué hicisteis en vuestra primera cita?

¿Estabas
nervioso/a?

EL AMOR

¿Cuándo saltó la chispa de verdad?

¿Cuándo se puso más seria la relación?

¿Cuáles fueron los momentos más bonitos al principio de la relación?

¿Te apoyaron tus padres en la elección de tu pareja?

¿Era importante para ti?

¿Vivíais juntos u os casasteis?

127

EL AMOR

Si te casaste, ¿cómo fue el día de la boda? _____

_____

_____

_____

_____

_____

_____

_____

_____

_____

_____

_____

_____

_____

_____

_____

_____

_____

_____

_____

_____

¿Querías tener hijos? ¿Fue posible?

¿Qué te aportó la experiencia?

EL AMOR

¿Qué significa el amor para ti?

Desde tu punto de vista, ¿cuál es la clave de una buena relación?

¿Cómo ha influido el amor en tu vida?

¿Crees en el amor de por vida?

Espacio
para fotos...

... y más historias y
recuerdos

Espacio
para fotos...

... y más historias y
recuerdos

Espacio
para fotos...

... y más historias y
recuerdos

TU TIEMPO
LIBRE Y
AFICIONES

TU TIEMPO LIBRE Y AFICIONES

¿Qué es lo que más te gustaba hacer en tus días libres cuando eras más joven? _____

_____

_____

_____

_____

_____

_____

_____

_____

¿Salías mucho? _____

_____

_____

¿Adónde te gustaba ir? _____

_____

_____

_____

_____

_____

_____

_____

¿Cuáles son tus lugares preferidos para ir de vacaciones?

¿Y por qué te
gusta ir allí?

¿Adónde fuiste de vacaciones por primera vez sin tus padres?

¿Con quién
fuiste y
cuándo?

¿Cómo son tus vacaciones ideales?

TU TIEMPO LIBRE Y AFICIONES

¿Qué vacaciones recuerdas con especial cariño? _____

¿Qué lugares crees que todo el mundo debería visitar?

¿Qué música te pone siempre de buen humor?

TU TIEMPO LIBRE Y AFICIONES

¿Qué aficiones tienes? _____

_____

_____

_____

_____

_____

_____

_____

_____

_____

_____

¿Practicas algún deporte? ¿Cuál? _____

_____

_____

¿Qué deportes te gustaban cuando eras más joven? _____

_____

_____

_____

_____

_____

_____

_____

¿Hay algo que te quite el sueño?

¿Cuál es tu plato favorito?

¿Cuándo te
gusta comerlo?

TU TIEMPO LIBRE Y AFICIONES

¿Cuál es el mejor restaurante en el que hayas comido? _____

¿Con quién fuiste? _____

¿Tienes un libro favorito? ¿Por qué te gusta tanto? _____

_____

_____

_____

_____

_____

_____

¿Cómo es para ti un fin de semana ideal? _____

_____

_____

_____

_____

_____

_____

_____

_____

¿Qué programas de televisión o series te gustan más?

¿Cuál es tu película favorita?

En tu opinión, ¿cuáles son los sitios más bonitos de tu país?

Espacio
para fotos...

... y más historias y
recuerdos

Espacio
para fotos...

... y más historias y
recuerdos

Espacio
para fotos...

... y más historias y
recuerdos

QUIÉN ERES AHORA

TUS RECUERDOS

¿Qué acontecimientos históricos han influido en tu vida? _____

_____

_____

_____

_____

_____

_____

_____

_____

_____

¿Ha cambiado mucho el mundo a lo largo tu vida? _____

_____

_____

¿Cómo? _____

_____

_____

_____

_____

_____

_____

_____

_____

_____

¿Qué acontecimientos históricos te alegras de haber presenciado?

¿Y qué noticias mundiales te preocupan?

TUS RECUERDOS

¿Conseguiste cumplir algunos de tus sueños? ¿Cuáles? _____

_____

_____

_____

_____

_____

_____

_____

¿Tienes algún lema de vida? _____

_____

_____

_____

¿Cómo lo llevas
a cabo? _____

_____

_____

_____

_____

_____

_____

_____

De todas las metas que has alcanzado en la vida, ¿de cuáles de sientes más orgulloso?

¿Alguna vez has conocido a una persona famosa? ¿Qué te pareció?

¿A qué personas famosas te gustaría conocer?

¿Qué les preguntarías?

TUS RECUERDOS

¿Recuerdas alguna broma que gastaste en el pasado y que aún te haga reír?

_____

_____

_____

_____

_____

_____

_____

¿Qué cosas o personas siempre te ponen de buen humor?

_____

_____

_____

_____

_____

_____

_____

_____

_____

_____

_____

¿Qué acontecimientos que hayas vivido te han impresionado más?

¿Qué momentos de tu vida te gustaría repetir?

¿Por qué?

TUS RECUERDOS

¿Cuáles han sido las mejores decisiones que has tomado en tu vida? _____

_____

_____

_____

_____

_____

_____

_____

¿Por qué? _____

_____

_____

_____

_____

_____

_____

_____

_____

_____

¿Qué situaciones difíciles has superado en tu vida?

¿Cómo lo has
conseguido?

TUS RECUERDOS

¿Te arrepientes de cosas que hayas hecho o de alguna decisión que hayas tomado? _____

_____

_____

_____

¿Qué harías de
otra manera?   _____

_____

_____

_____

_____

_____

_____

_____

_____

_____

_____

¿Cuál ha sido el mejor propósito que te has hecho nunca? _____

_____

_____

_____

¿Qué momentos de tu vida te gustaría poder cambiar?

¿Por qué esos precisamente?

¿Qué lecciones vitales has aprendido que te gustaría transmitir a los demás?

TUS RECUERDOS

¿Qué personas o cosas son una fuente de inspiración para ti?

¿A qué personajes históricos admiras?

¿Por qué?

¿Hacia qué personas de tu vida sientes más profundo agradecimiento?

¿Qué significan
para ti?

¿De qué personas aprendiste mucho en tu vida? ¿Qué lecciones te transmitieron?

¿Siempre fue
agradable ese
aprendizaje?

TUS RECUERDOS

¿De qué decisiones que has tomado en la vida te enorgulleces? _____

_____

_____

_____

_____

_____

_____

_____

_____

¿Cuál es la mayor diferencia entre la persona que eras antes y la que eres ahora? _____

_____

_____

_____

_____

_____

_____

_____

_____

¿Has tenido que despedirte de personas importantes en tu vida?

¿Cómo has asimilado esa pérdida?

¿Qué o quién te ha apoyado en los momentos más difíciles?

Espacio
para fotos...

... y más historias y
recuerdos

Espacio
para fotos...

... y más historias y
recuerdos

TUS PENSAMIENTOS, DESEOS Y SUEÑOS

¿Qué cosas consideras realmente importantes en la vida?

¿Tu casa es muy importante para ti?

¿Qué hace que una casa se convierta en un hogar?

¿Qué días del año te resultan especiales?

¿Qué te gusta hacer esos días?

TUS PENSAMIENTOS, DESEOS Y SUEÑOS

¿Qué tradiciones mantienes? _____

_____

_____

_____

_____

¿Qué significa para ti la felicidad? _____

_____

_____

_____

_____

_____

_____

_____

¿Ha ido
cambiando eso
con el paso de
los años?

_____

_____

_____

_____

_____

_____

_____

¿Cuáles son tus mejores características?

¿Qué aspectos de ti querrías cambiar?

TUS PENSAMIENTOS, DESEOS Y SUEÑOS

¿Qué cosas te gustaría aprender?

Dime algo que te guste de la madurez.

¿Qué cosas te conmueven?

¿Tienes algún día de la semana preferido? ¿Qué mes te gusta más?

¿Cuál es tu mejor consejo para tener una buena vida?

TUS PENSAMIENTOS, DESEOS Y SUEÑOS

Si te convirtieras en un líder mundial, ¿cuál sería la primera decisión que tomarías?

¿Cómo ha ido cambiando tu país a medida que te hacías mayor?

¿Qué significa la amistad para ti?

¿Cuál es el mejor regalo que puede hacerte alguien?

TUS PENSAMIENTOS, DESEOS Y SUEÑOS

¿Cuál es el mayor cumplido que te han hecho? _____

_____

_____

_____

_____

_____

_____

¿Quién te
lo hizo? _____

_____

Si volvieras a ser niño, ¿qué harías? _____

_____

_____

_____

_____

_____

_____

_____

_____

_____

¿Qué lugares o países te gustaría visitar?

¿Qué deberíamos ver o hacer todos por lo menos una vez en la vida?

¿Por qué?

TUS PENSAMIENTOS, DESEOS Y SUEÑOS

¿Qué sueños tienes por cumplir todavía? _____

_____

_____

_____

_____

_____

_____

_____

_____

_____

_____

_____

_____

_____

_____

_____

¿Hay personas a las que llevas demasiado tiempo sin ver? _____

_____

_____

_____

_____

_____

_____

Si miras tu vida en retrospectiva, ¿cuáles han sido los momentos culminantes?

¿Qué momentos destacados te esperan?

TUS PENSAMIENTOS, DESEOS Y SUEÑOS

¿Qué has sentido al escribir este libro? _____

_____

_____

_____

_____

_____

_____

_____

_____

_____

_____

_____

_____

_____

_____

_____

_____

_____

_____

_____

_____

_____

_____

¿Qué quieres que pase con las historias que contiene?

Espacio
para fotos...

... y más historias y
recuerdos

Espacio
para fotos...

... y más historias y
recuerdos

Papel certificado por el Forest Stewardship Council®

MIXTO
Papel
FSC® C117695

Penguin
Random House
Grupo Editorial

Título original: *Vertel eens over jezelf*
Primera edición: abril de 2026

© 2023, Elma van Vliet, Países Bajos
Un producto de Elma van Vliet
© 2026, Penguin Random House Grupo Editorial, S. A. U.
Travessera de Gràcia, 47-49. 08021 Barcelona
© 2026, Natalia Fernández Díaz, por la traducción

Printed in Spain – Impreso en España

ISBN: 978-84-01-03984-3
Depósito legal: B-2509-2026

Compuesto en M. I. Maquetación, S. L.

Impreso en Gómez Aparicio, S. L.
Casarrubuelos (Madrid)

L039843